VENTE DU MARDI 16 AVRIL 1889

HÔTEL DROUOT, SALLE N° 3

OBJETS D'ART

DU MOYEN-AGE

Et de la Renaissance

SCULPTURES EN BOIS

IVOIRES, PIERRES, BRONZES

MEUBLE DU XVIᵉ SIÈCLE

Magnifiques Broderies

Velours, Brocarts, Soieries

EXPOSITIONS

PARTICULIÈRE : *Le Dimanche 14 Avril 1889*

PUBLIQUE : *Le Lundi 15 Avril 1889*

DE 1 HEURE A 5 HEURES

Mᵉ PAUL CHEVALLIER	M. CHARLES MANNHEIM
COMMISSAIRE-PRISEUR	EXPERT
10, rue de la Grange-Batelière, 10	7, rue Saint-Georges, 7

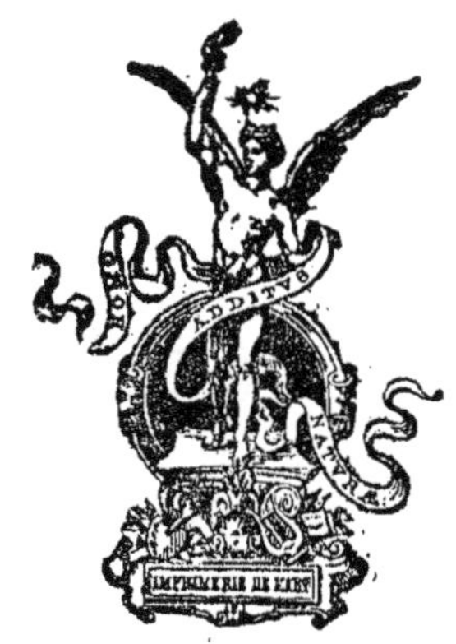
IMPRIMERIE DE KENT

CATALOGUE

DES

OBJETS D'ART

DU MOYEN-AGE

Et de la Renaissance

SCULPTURES EN BOIS

DES XVe ET XVIe SIÈCLES

Ivoires, Pierres, Bronzes, Cuivres, Émaux, Faïences

MAGNIFIQUES BRODERIES

Velours, Brocarts, Soieries

Meuble du XVIe siècle en bois sculpté

Curiosités diverses

DONT LA VENTE AURA LIEU

HOTEL DROUOT, SALLE N° 3

Le Mardi 16 Avril 1889

à deux heures

Me PAUL CHEVALLIER	M. CHARLES MANNHEIM
COMMISSAIRE-PRISEUR	EXPERT
10, rue de la Grange-Batelière, 10	7, rue Saint-Georges, 7

EXPOSITIONS

PARTICULIÈRE : *Le Dimanche 14 Avril 1889*

PUBLIQUE : *Le Lundi 15 Avril 1889*

DE 1 HEURE A 5 HEURES

CONDITIONS DE LA VENTE

Elle sera faite au comptant.

Les acquéreurs payeront, en sus des adjudications, *cinq pour cent* applicables aux frais.

L'Exposition mettant le public à même de se rendre compte de l'état des objets, il ne sera admis aucune réclamation une fois l'adjudication prononcée.

Paris. — Imp. de l'Art, E. MÉNARD ET Cⁱᵉ, 41, rue de la Victoire.

DÉSIGNATION DES OBJETS

SCULPTURES EN BOIS

1 — Haut-relief en bois sculpté, peint et doré : groupe de quatre saints personnages portant de somptueux costumes enrichis de pierreries et de perles ; deux sont agenouillés ; l'un, tenant un goupillon et un seau à eau bénite ; l'autre portant un cierge. Œuvre remarquable, de l'École flamande du xve siècle.

Haut., 88 cent.; larg., 55 cent.

2 — Bois sculpté et peint au naturel. Figure de saint Michel, debout, armé d'une lance, revêtu d'une armure et d'un ample manteau maintenu au cou par une bride. Travail français. xve siècle.

Cette figure a été entièrement repeinte et dorée.

Haut., 1 mètre.

3 — Bois sculpté, peint et doré. Groupe-applique : la Vierge vêtue de long, le front ceint d'une couronne fleuronnée, portant des deux mains l'Enfant Jésus qui tient un chapelet. Cette figure repose sur un cul-de-lampe à moulures et branchages fouillés à jour. Travail français du XVe siècle.

Hauteur totale, 50 cent.

4 — Bois sculpté, peint au naturel et doré. — Statuette de religieux, la tête sous le capuchon de la cagoule, les mains cachées dans les manches de la robe. Bon travail du XVe siècle.

Haut., 65 cent.

5 — Bois sculpté. Groupe en ronde bosse : la Vierge, assise sur un banc à moulures, offre une pomme à l'Enfant Jésus assis sur ses genoux et tenant un oiseau. Fin du XVe siècle.

Haut., 52 cent.

6 — Haut-relief, sans fond, en bois sculpté, avec vestiges de dorure, représentant le Calvaire. Travail allemand de la fin du XVe siècle.

Haut., 1 mètre.

7 — STATUETTE ÉQUESTRE de saint Georges terrassant le dragon. XVIᵉ siècle.

Haut., 85 cent.

8 — CHÊNE SCULPTÉ. Statuette-applique d'un saint personnage, debout, coiffé d'une toque à plume, revêtu d'une armure en partie recouverte par un ample manteau ; tenant l'épée d'une main et portant sur l'autre une sorte de billot. Un lion est à ses pieds.

Haut., 90 cent.

9 — STATUETTE-APPLIQUE d'une sainte femme, tenant la croix, la tête ceinte d'une couronne.

Haut., 90 cent.

10 — BOIS SCULPTÉ, PEINT AU NATUREL ET REHAUSSÉ D'OR. Statuette de berger, un genou en terre, tenant une cornemuse. XVIIᵉ siècle.

Haut., 45 cent.

11 — BOIS SCULPTÉ ET PEINT. Statuette de guerrier, agenouillé, vêtu à l'antique. XVIIᵉ siècle.

Haut., 31 cent.

12 — BAS-RELIEF en forme de frise, représentant des jeux d'enfants. XVIIIe siècle

13 — BOIS SCULPTÉ ET FOUILLÉ A JOUR. Deux montants composés de figures de rois d'Israël superposées, sculptées en haut-relief, dans un entrelacs de branchages. Travail du XVIe siècle.

14 — BOIS SCULPTÉ ET PEINT. Groupe-applique en ronde bosse : la Vierge assise, ayant sur ses genoux l'Enfant Jésus tenant un calice. XVIe siècle.

15 — BAS-RELIEF en bois sculpté, de forme rectangulaire et représentant le Christ en croix, deux anges, la Vierge et saint Jean.

16 — HAUT-RELIEF en bois sculpté et peint, représentant la Mise au tombeau. Allemagne, XVIe siècle.

17 — STATUETTE D'ÉVÊQUE en bois sculpté. Travail français du XVIIe siècle.

18 — Bois sculpté. Buste en ronde bosse, peint au naturel et représentant sainte Anne. xvie siècle.

19 — Bois sculpté. Buste du Christ, en ronde bosse. Travail de la fin du xve siècle.

20 — Bois sculpté et peint avec rehauts d'or. Groupe de six figures en ronde bosse : Jésus devant Pilate. Travail allemand du commencement du xvie siècle.

21 — Chef reliquaire : Tête de femme, grandeur nature, ayant conservé quelques vestiges de peinture. xvie siècle.

22 — Buis sculpté. Deux médaillons en bas-relief : Bustes d'homme et de femme, en regard, portant les costumes de la fin du xvie siècle. Cadres de bois noir à moulures.

23 — Coffret rectangulaire en bois sculpté, à décor de rinceaux feuillagés ; le couvercle représente un chiffre surmonté d'une couronne. Travail de Bagard, de Nancy.

24 — Buis sculpté. Fourreau entièrement sculpté et offrant, sur ses deux faces, de petits bas-reliefs superposés à sujets de l'Ancien et du Nouveau Testament. Ancien travail flamand.

25 — Bois sculpté. Quatre statuettes d'apôtres. Travail français du xviie siècle.

26 — Bois sculpté; peint et doré. Haut-relief sans fond, groupe de trois figures : un Saint portant un vase à parfums et deux saintes femmes en costumes de la Renaissance. Travail du xve siècle.

27 — Bois sculpté. Bas-relief représentant deux cavaliers et la Vierge soutenue par saint Jean. xvie siècle.

28 — Buis. Étui en forme de livre, délicatement sculpté et ajouré, à décor de rosaces, entourées d'un réseau de fleurons ; une bande médiane porte en caractères gothiques l'inscription : *Aies de moi souvenance.*

SCULPTURES EN PIERRE

29 — PIERRE GRISE. Statuette de saint Crépin, en costume Moyen-Age, coiffé d'un chaperon orné d'une enseigne, portant un tablier ; il est assis, occupé à coudre une chaussure. Travail du XVᵉ siècle.

Haut., 65 cent.

30 — ALBATRE. Bas-relief du XVᵉ siècle représentant la Résurrection ; les guerriers préposés à la garde du sépulcre sont bardés de fer et portent les armures du XVᵉ siècle. Cadre de bois noir à moulures.

Haut., 42 cent.; larg., 26 cent.

31 — PIERRE JAUNATRE. Bas-relief représentant la Vierge entourée d'anges. Curieuse sculpture du XIIIᵉ ou XIVᵉ siècle. Cadre de bois noir.

Haut., 42 cent.; larg., 30 cent.

IVOIRES

32 — Ivoire. Plaque de coffret sculptée en bas-relief et composée de huit petits compartiments, sur deux rangs, représentant, sous des arceaux gothiques, les sujets suivants : la Salutation angélique, la Résurrection, le Christ couronnant la Vierge, le Baptême du Christ, l'Incrédulité de saint Thomas, la Présentation au Temple, Saint Georges combattant le dragon, la Fuite en Égypte. Travail français du xive siècle.

Haut., 74 millim. ; larg., 106 millim.

33 — Ivoire. Plaque rectangulaire sculptée en bas-relief et représentant le Christ sur la croix, entre la Vierge et saint Jean, et, dans la partie supérieure, deux anges en buste. Travail du xiie siècle.

Haut., 135 millim.; larg., 110 millim.

34 — Ivoire. Crosse pastorale décorée de chevrons et de quatrefeuilles ; dans la volute, le Christ en croix, la Vierge et saint Jean, sculptés en

haut-relief sans fond ; sous la volute et lui servant de support, un ange tenant une banderole,
assis, les pieds s'appuyant sur une tête chimé-
rique.

35 — IVOIRE. Groupe en ronde bosse ; la Vierge
vêtue de long, la tête couverte d'un voile et
ceinte d'une couronne fleuronnée, tient une
fleur de la main droite et porte sur son bras
gauche l'Enfant Jésus vêtu d'une longue tunique
et tenant une pomme.

Haut., 26 cent.

36 — IVOIRE. Plaque de baiser de paix, représentant
en bas-relief, sous un arc gothique, le Christ en
croix, la Vierge et saint Jean.

37 — IVOIRE. Plaquette rectangulaire, figurant un
édicule sous lequel se voit un guerrier armé
d'une lance. Travail indien.

38 — Petit trictrac vénitien plaqué d'ivoire et
décoré de filets et de losanges contenant des
étoiles en marqueterie de bois de couleur et
d'ivoire. XVIIe siècle.

39 — Petit coffret rectangulaire en ivoire renforcé
de pentures et orné de rosaces rapportées en
cuivre doré. XVIe siècle.

BRONZES

40 — Figurine en bronze doré de femme assise,
vêtue d'une tunique et d'un manteau qui
recouvre la tête ; elle tient un serpent de la
main gauche, cachée par la draperie. Le siège
et le socle quadrangulaires sont en buis. Travail français. XIIe siècle.

Hauteur de la figure, 67 millim.

(*Vente Carnavalet.*)

41 — La Vénus au Dauphin, statuette de bronze à
patine brune. XVIIe siècle.

Haut., 36 cent.

42 — La Vénus pudique, statuette de bronze à
patine brune, fonte italienne du XVIIe siècle.

Piédestal quadrangulaire en bois. Haut., 21 cent.

43 — Aquamanile en cuivre, en forme de lion debout avec anse figurée par un lézard reliant la croupe à la tête de l'animal. Travail de dinanderie du xvᵉ siècle.

44 — Fontaine sphérique, garnie de mascarons rapportés, à robinet s'échappant de la gueule d'un lion et à couvercle surmonté d'une figurine de guerrier antique. xvıᵉ siècle.

45 — BRONZE. Bouilloire de forme surbaissée, à deux goulots et à anse surélevée munie d'un anneau de suspension.

46 — Boîte à poids en bronze gravé, à charnières et fermoir formés d'animaux chimériques et à anse surélevée pivotant dans deux figurines de sirènes. xvııᵉ siècle.

47 — Autre analogue, mais plus petite ; celle-ci contient la série des poids de marcs. xvııᵉ siècle.

48 — Buire piriforme sur piédouche, à partie supérieure formée d'une tête d'homme à barbe et à longue chevelure. Dinanderie.

49 — Plaque de ceinture en cuivre champlevé et émaillé en couleurs.

50 — Burette de bronze à orifice triangulaire et anse en volute; sur la panse, trois figures en bas-relief : le Christ en croix, et deux saintes femmes.

51 — Bougeoir formé d'un lion dont la queue sert de poignée et la tête supporte la douille.

52 — Deux lampes : l'une, formée d'une tête d'homme casqué; l'autre, à anse surmontée d'une croix de Malte.

53 — Statuette de Discobole, bronze antique romain.

54 — Brûle-parfums sphérique, à pied de style roman et couvercle ajouré de style chinois.

55 — Trois pièces : petit triptyque russe, émaillé bleu, figurine d'homme en cuivre Louis XV et coffret en velours revêtu de cuivre repercé à jour.

56 — Bronze a patine vert antique. Statuette de Silène ; réduction de l'antique du Musée de Naples.

57 — Lectrin en cuivre découpé à jour et porté sur quatre pieds, dont deux figurés par des lions. XVIIe siècle.

58 — Petit canon ancien en bronze, monté sur son affût de bois fretté et rivé de cuivre.

59 — Bassin de forme persane, à deux anses, en cuivre rouge repoussé et gravé, à décor d'oiseaux, de chimères et de feuilles. Travail vénitien. XVIe siècle.

60 — Plateau rond oriental, en cuivre gravé, décoré d'une grande rosace étoilée, à inscription.

61 — Lustre hollandais, en cuivre poli, à seize lumières disposées sur deux rangs.

62 — Pot en cuivre rouge avec anse en fer.

FERS

63 — Verrou à plaque couverte de rinceaux en
reliefs ; le bouton de la targette est formé d'une
tête d'homme couronné, en ronde bosse.
XVIe siècle.

64 — Moraillon formé d'un lézard à longue queue
plusieurs fois enroulée autour du corps.

65 — Trépied italien en fer forgé.

ORFÈVRERIE

66 — Vidrecome allemand, a anse contournée et à
couvercle repoussé, à feuillages en argent doré
partiellement ; le pourtour présente des enfants
bacchants en bas-relief ; la base et le couvercle
sont décorés de fleurons rapportés.

67 — Calice du XVIe siècle, formé d'une coupe semi-
ovoïde en argent, élevée sur une tige hexagonale
à nœud en cuivre gravé, champlevé et émaillé,

et offrant six petits médaillons : bustes d'Apôtres. La tige repose sur un pied à six lobes, doré et bordé de moulures.

68 — Deux statuettes en argent fondu : la Vierge et Saint Jean. XVIᵉ siècle.

69 — ARGENT. Deux boîtes : l'une, ronde, de travail oriental ; l'autre, servant de cassolette à parfums, en argent gravé et de forme contournée.

FAIENCES

70 — FAÏENCE DE CAFFAGIOLO. Vase de forme surbaissée, à ouverture large et sur piédouche. Il porte les armes de la famille Orsini, et, au pourtour de la panse, des rinceaux et des fleurs en couleur, sur fond blanc pointillé de bleu.

Haut., 25 cent.; diam., 19 cent.

(*Vente Castellani.*)

71 — FAENZA. Deux cornets cylindriques décorés de compartiments à figures et arabesques, en bleu relevé de jaune sur fond d'émail blanc. XVIᵉ siècle.

72 — Urbino. Deux cornets de pharmacie, datés 1564, à décor polychrome : écusson armorié, inscription en guirlande de feuilles.

73 — Faïence italienne. Deux vases ovoïdes à décor de fleurs et de feuilles en bleu sur émail blanc entourant un médaillon relevé de jaune au monogramme du Christ. Ces vases forment girandoles et sont surmontés de bouquets à feuillages et volutes à cinq lumières en fer forgé et repoussé.

Hauteur totale, 66 cent.

74 — Cruche allemande en grès jaunâtre, décorée de trois médaillons circulaires contenant des branches de fleurs gaufrées en relief.

75 — Faïence italienne. Plat à fond jaune et décor polychrome représentant un prélat. XVIIe siècle.

OBJETS D'ART VARIÉS

76 — Plaque carrée peinte sur émail, en couleur, les chairs en grisaille, attribuée à *Nardon Péni-*

caud et représentant la Vierge et saint Joseph en adoration devant l'Enfant Jésus. Dans le fond, le sujet de l'annonce aux bergers.

Haut., 20 cent.; larg., 22 cent.

77 — Bassin rond en cuivre gravé champlevé, émaillé bleu et blanc et doré. Au fond, un médaillon représentant le Christ est entouré de quatre lobes à figures de patriarches. Style du XIII siècle.

78 — Horloge allemande en cuivre gravé et doré, ayant la forme d'un édicule carré, cantonné de colonnes engagées, couronné de balustres et surmonté d'un lanternon que termine une pyramide. XVII siècle.

79 — Trousse cylindrique à couvercle en cuir gravé, contenant quatorze couteaux et fourchettes à manches de bois sculpté figurés par des lions héraldiques.

80 — Reliquaire portatif en cuivre doré, à quatre faces percées de fenêtres ogivales vitrées. XIV siècle.

81 — ÉTAIN. Coupe côtelée à ombilic présentant dans un médaillon la Vierge et l'Enfant Jésus. Allemagne, XVIIe siècle.

82 — Tableau à volets contenant une croix de Lorraine décorée de rinceaux en filigrane, de pierres cabochons, de rosaces en émail champlevé, et appliquée sur un fond de cuivre gravé et doré à figures de style byzantin.

83 — *Le Nouveau Testament*, petit in-8°, caractères grecs. Lugd. Batavorvm Ex officina Elzeviriorum 1633, reliure en parchemin doré au fer. Étui en cuir gaufré et doré.

84 — Coffret à couvercle en toit, forme du XVIe siècle, revêtu de velours et fretté de bandes de cuivre gravé.

85 — CRISTAL DE ROCHE. Petit prisme quadrangulaire et évidé intérieurement, contenant une sculpture minuscule, en bois à quatre faces, fouillée à jour et représentant le Calvaire, la Descente de croix et des figures d'apôtres. XVIe siècle.

MEUBLES

86 — Beau meuble à deux corps en bois sculpté.

Le corps inférieur, élevé sur pieds à griffes, ouvre à deux vantaux et à deux tiroirs décorés de mascarons, de centaures et de cuirs. Des hermès sculptés en haut-relief sont adossés sur les montants et sur l'entredeux.

Le corps supérieur, plus étroit et en retrait, ouvre à une seule porte, offrant en bas-relief des sphinx, une cariatide, des guirlandes et des rempants de fronton. Cette porte est placée entre deux hermès en haut-relief. Beau meuble de l'École lyonnaise. XVIᵉ siècle.

Haut., 1 m. 95 cent.; larg., 1 m. 25 cent.

87 — Grande vitrine, en hauteur, à cage de fer bronzé élevée sur socle rectangulaire. Ce socle, le fond du meuble et les tablettes sont tendus de peluche rouge ornée de galons en velours et de franges.

Haut., 2 m. 54 cent.; larg., 1 m. 44 cent.

TABLEAUX

88 — École allemande de la fin du XVᵉ siècle. L'Entrée de Jésus à Jérusalem. Peinture sur panneau.

Haut., 1 m. 15 cent.; larg., 60 cent.

89 — École allemande, XVIᵉ siècle. La Légende de sainte Ursule.

Sainte Ursule, les vierges ses compagnes, un pape et un évêque sont groupés dans une barque amarrée au bord du Rhin. Les Huns leur font subir le martyre : celui-ci lançant les carreaux de son arbalète, celui-là frappant avec son glaive ; le troisième donnant des coups de lance. Les personnages portent le costume du XVIᵉ siècle. Peinture sur fond doré.

Bois. Haut., 44 cent.; larg., 72 cent.

90 — École hollandaise, XVIIᵉ siècle. Portrait de femme, en robe noire, cornette et fraise de linon. Cadre en bois noir.

91 — IMAGE RUSSE. Peinture représentant le Christ et ses apôtres, en couleur sur fond doré. Cadre en bois sculpté, noir et or.

BRODERIES

92 — Petit tableau représentant la Sainte Famille, en broderie d'or et de soies d'une extrême finesse d'exécution. Travail italien du XVIᵉ siècle.

Cette broderie est placée dans un triptyque à pilastres et fronton cintré tendu de peluche vert pâle, et dont les volets sont décorés de broderies d'argent et d'armoiries de cardinal sur fond de velours vert.

Haut., 25 cent.; larg., 32 cent.

93 — Petit tableau en broderie d'or et de soies, d'une grande finesse d'exécution, représentant le Repos de la Sainte Famille. Travail italien du XVIᵉ siècle; il est encadré d'une bordure noire à filets d'or.

Haut., 32 cent.; larg., 25 cent.

94 — Deux orfrois représentant des figures de saints sous des édicules gothiques, en tissu de soies de couleur et d'or, avec parties brodées à l'aiguille. *Opus Coloniensis*. Travail allemand. XVe siècle.

95 — Quatre orfrois ou montants : l'un, représentant la Vierge et l'Enfant ; les autres, des saints. Ces diverses figures sont placées sous des voûtes gothiques surmontées de tourelles ; le tout exécuté en broderie d'or et de soies de couleur. Italie, XVIe siècle.

96 -- Curieux chaperon en broderie sur toile, représentant un saint évêque martyrisé par un bourreau, en présence d'un personnage assis dans une stalle. Cette scène est placée sous une arcade gothique, surmontée de créneaux. XVe siècle.

97 — Chaperon ou écusson, brodé au passé en soies de couleur, rehaussé de cordonnets métalliques or et argent, et représentant la Naissance de la Vierge ; il est encadré d'un galon à ornements saillants en broderie d'argent, et bordé d'une frange métallique. Fin du XVIe siècle.

98 — Écusson en broderie de soies et d'or, très
fin, représentant le Christ couronnant la Vierge,
environné d'une gloire d'anges ; fond et galon
d'encadrement à cordons tressés en relief en
broderie d'argent ; au bord, un effilé rouge re-
couvert d'un réseau métallique. Travail italien
de la Renaissance.

99 — Autre, représentant la Vierge tenant l'Enfant Jésus et assise sur un trône ; broderie de
soies de couleur et d'or. Travail italien de la
Renaissance.

100 — Écusson à médaillon ovale, exécuté en broderie de soies multicolores représentant le
Portement de croix, et à pourtour de velours
rouge couvert de rinceaux en relief et en broderie d'argent entremêlée de paillons dorés ; au
bord, un effilé métallique. Époque Louis XIII.

101 — Tableau en broderie de soies et de laines de
couleur, représentant saint Martin partageant
son manteau avec un malheureux.

102 — Montant à extrémités arrondies, représen-

tant une figure d'apôtre sous une arcade à plein
cintre; broderie d'or et de soies. Italie,
XVIe siècle.

103 — Petit montant à figure de sainte femme et
écu d'armoirie en broderie sur toile, avec
rehauts d'argent.

104 — Deux orfrois en velours violet, décoré de
médaillons à figures d'apôtres, à mi-corps, sépa-
rés par des motifs à vases et rinceaux symé-
triques en broderie d'or, d'argent et de soies.
XVIe siècle.

105 — Devant de dalmatique de velours gros bleu,
à médaillon central contenant une croix fleurde-
lisée cantonnée d'étoiles, pourtour à cuir et rinceaux, et bordure festonnée en broderie de la
Renaissance.

106 — Deux bandes verticales de soie blanche, à
ornements appliqués en velours grenat et cir-
conscrits d'un cordonnet métallique doré.
XVIIe siècle.

107 — 3 m. 95 cent. de bordure en toile fine, à festons de feuilles en réserve délimités par un piqué de soie violette, sur fond à fils étirés brodés de soie jaune.

108 — Lambrequin mesurant 2 m. 20 cent., en toile décorée d'un feston de fleurs et d'animaux en bouclé et cannetillé métallique et broderie de soie; il est bordé en bas d'un effilé de soie à grille métallique. XVIIIe siècle.

109 — Tableau en tapisserie au petit point, représentant Esther et Assuérus, dans une bordure formée d'un feston de feuilles.

Cette broderie est appliquée sur une planche tendue de velours bleu.

Haut., 38 cent.; larg., 45 cent.

110 — Croix en broderie métallique sur soie bleue, composée d'arceaux gothiques sous lesquels sont représentés des apôtres.

Haut., 1 m. 32 cent.; larg., 80 cent.

111 — Deux montants à figures d'apôtres sous des édicules, en application et broderies. Ils sont fixés sur des planches tendues de velours bleu.

112 — Beau devant d'autel en velours grenat richement décoré de médaillons à figures et emblèmes, d'écussons armoriés et de rinceaux feuillagés en broderie de soies et de fils métalliques et en applications. Fin du xvie siècle.

Haut., 80 cent.; larg., 2 m. 20 cent.

113 — Quatre pièces provenant d'une dalmatique, en deux dimensions, et fixées sur le même châssis; broderies sur velours rouge décorées d'arabesques et de rinceaux entrecroisés en broderies d'or de deux tons, avec médaillon central offrant des sujets de personnages brodés en soies de couleur. xvie siècle.

114 — Deux carrés de dalmatique en broderie d'argent et de soie sur velours bleu, à médaillons saint Luc et saint Mathieu, dans de riches encadrements de rinceaux feuillagés. Travail du xvie siècle.

115 — Chasuble en satin violet, couverte de tiges enroulées et de fleurs à cinq pétales en broderie d'argent. xviie siècle.

116 — Dos de chasuble en soie rouge couverte de fleurettes et d'entrelacs, en broderie de fils métalliques dorés.

117 — Deux morceaux en velours de soie ponceau, décorés de broderies de soie de même nuance, à ornements rembourrés. Époque Louis XIV.

118 — Tapis long au large lambrequin en broderie de soies de couleur, au point de Hongrie. XVII⁰ siècle.

119 — Voile de calice en broderie d'or, sans envers, à motif de festons de fleurs, tracés, d'un côté, sur satin rouge et, de l'autre, sur satin crème ; il est bordé d'une dentelle dorée. XVIII⁰ siècle.

120 — Petit tapis carré à motifs de grosses fleurs et de fleurs de lis exécutés en broderie et tapisserie au petit point, en soies multicolores rehaussées de fils dorés sur champ vert. Époque Louis XIII.

121 — Voile de calice en soie blanche tissée argent et décoré de broderies dorées en relief. XVIII⁰ siècle.

122 — Petit carré de soie blanche, couvert de fleurons et de feuillages en broderie d'argent et de soie.

123 — Tapis carré en soie lamée argent et semée de fleurettes en soies de couleur; il est entouré d'une bande de soie à raies.

124 — Petit écran de foyer, à trois feuilles tendues de peluches vertes et décorées dans la partie supérieure de broderies de la Renaissance appliquées sur velours grenat.

125 — Petit tapis de damas rouge couvert de broderies de soies multicolores à dessin de bouquets inscrits dans un treillis festonné; il est bordé d'effilés rouges entremêlés de guirlandes en passementerie. XVIIe siècle.

126 — Petit tableau rectangulaire, très finement exécuté en broderie de soies de couleur et de fils métalliques, représentant Jésus et deux apôtres, dans un paysage; il est bordé d'un galon de soie et d'argent.

127 — Boîte ovale ou écrin en broderie de fils can-
netillés dorés et argentés, et de soies de couleur
sur fond de soie rouge. xvıı^e siècle.

128 — Trois pièces : boîte ronde en velours brodé
d'argent, un étui à ciseaux en soie verte décorée
de broderies d'argent, et une petite quêteuse de
velours violet.

VELOURS, BROCARTS, SOIERIES

129 — Manteau rond en velours bleu du xvı^e siècle,
à petits dessins en relief sur tissu jaune.

130 — Dalmatique de velours violet, à dessin de
bouquets de grenades et de feuillages en relief
sur champ de satin blanc; elle est bordée de
galons en broderie de soie blanche sur velours
violet. Fin du xvı^e siècle.

131 — Chasuble et étole de velours vert encadré de
dentelle et galons d'argent. xvı^e siècle.

132 — Autre de même époque, à dessin velouté,

vert foncé sur champ jaune lamé or ; elle est bordée de galons métalliques. xvie siècle.

133 — Deux coupes de velours vert du xviie siècle, à dessin de palmettes et de feuilles en relief sur fond jaune.

134 — Chape de velours bleu, à palmettes inscrites dans un treillis, dessin en relief sur champ jaune ; elle est bordée d'un effilé jaune et bleu clair. xviie siècle.

135 — Coupe de velours de trois couleurs, à dessin de grosses fleurs, velouté et bouclé en relief, sur champ de satin crème. Époque Louis XIV.

136 — Trois coupes de velours de soie pourpre contretaillé, à dessin de grenades et de larges feuilles. xviie siècle.

137 — Petit carré de velours vénitien du xvie siècle, à dessin oriental grenat et bleu clair rehaussé de fils métalliques.

138 — Petit tapis long de velours violet foncé, ton

sur ton, bordé d'un galon métallique et d'un
effilé rouge et jaune. xvie siècle.

139 — Deux tapis carrés de velours vert, à petit
dessin bouclé en réserve sur fond rose ; l'un est
bordé d'un galon d'or ; l'autre d'une dentelle
d'argent. xvie siècle.

140 — Coupe de velours vert à treillis, composé de
glands, de croisettes et d'ornements recourbés
en S. xvie siècle.

141 — Petit carré de velours violet, à dessin pelu-
cheux et bouclé sur champ jaune. xvie siècle.

142 — Petit carré de velours à dessin de fleurettes
orangé, sur fond gris lamé d'argent.

143 — Plusieurs coupes et morceaux d'anciens velours.

144 — Deux coupes de velours de soie bleu verdâtre taillé, à dessin de bouquets, d'oiseaux, de
figures et de maisons, inscrits dans un entrelacs
de rubans. xviie siècle.

145 — Deux bandes de velours bleu verdâtre, à palmettes en réserve sur champ rose. xviᵉ siècle.

146 — Morceau de velours chamois semé de grosses fleurs.

147 — Deux coupes de velours à dessin d'entrelacs feuillus vert foncé en relief, sur fond ponceau. xviiᵉ siècle.

148 — Tapis de velours de soie vert émeraude parsemé de fleurons en bouclé sur champ blanc en réserve ; il est bordé d'un effilé vert dentelé. xviiᵉ siècle.

149 — Petit tapis carré à dessin de larges feuilles en velours de soie grenat en relief sur fond jaune lamé or ; il est bordé d'une dentelle métallique. Époque Louis XIV.

150 — Deux coupes provenant d'un vêtement en velours orangé, décoré de rinceaux brodés en fils dorés.

151 — Carré composé de trois bandes juxtaposées

de tissu italien très épais, à dessin représentant la Salutation angélique. XVe siècle.

152 — Grand panneau de tenture composé de compartiments alternés de velours à plusieurs couleurs, de brocatelle et de lampas du XVIIe siècle,
sur lesquels des bandes de soie appliquées
dessinent une arcature orientale surmontée de
créneaux.

Haut., 1 m. 60 cent.; larg., 5 m. 10 cent.

153 — Chasuble en brocart du XVIe siècle, à dessin
de fleurons et de rinceaux contournés sur fond
jaune lamé d'or. Elle est bordée de galons et
dentelles d'argent.

154 — Bande en brocatelle italienne du XVIe siècle,
à dessin de vases de fleurs et de festons brochés
blanc et rose sur fond jaune.

155 — Deux morceaux carrés, en deux lés chacun,
de soie damassée, violette, à semis de fleurs
brochées jaune et rehaussés de fils dorés. XVIIIe
siècle.

156 — Morceau de brocart du XVIIIe siècle, à petits bouquets brochés en soies de couleur et à festons de feuillages tissés or sur champ d'argent.

Haut., 1 m. 5 cent.; larg., 38 cent.

157 — Quatre coupes de brocart du XVIIe siècle, à dessins de palmes et de couronnes en damas vert avec parties tissées or.

158-159 — Quatre colonnes à corniches et bases à moulures élevées sur plinthes hexagonales; trois sont recouvertes de peluche grenat, la quatrième de peluche verte.

TAPISSERIES

160 — Ancienne tapisserie flamande, représentant le départ de l'Ange de chez Tobie. Elle est fixée sur un châssis tendu de velours bleu.

Haut., 1 m 22 cent.; larg., 1 m. 52 cent.

161 — Petite tapisserie carrée représentant le sujet de l'Annonciation; elle est datée 1588 et bordée d'ornements sur deux côtés.

Haut., 52 cent.; larg., 58 cent.

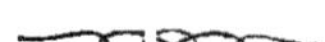

www.ingramcontent.com/pod-product-compliance
Ingram Content Group UK Ltd.
Pitfield, Milton Keynes, MK11 3LW, UK
UKHW031738170726
13836UKWH00002B/743